Enseigne de Vaisseau LAFON

Officier Aviateur

LES AÉROPLANES
ANTOINETTE

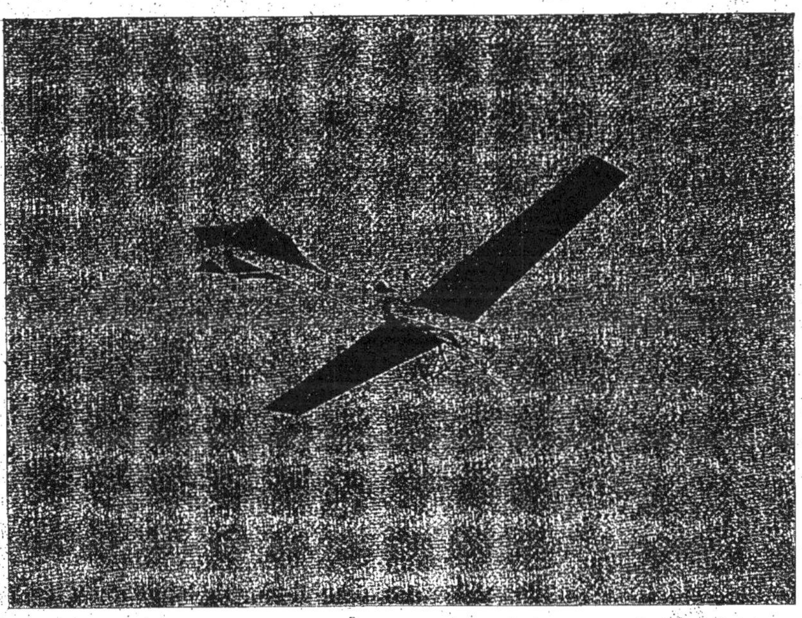

LIBRAIRIE AÉRONAUTIQUE

40, RUE DE SEINE

PARIS

LES AÉROPLANES

ANTOINETTE

Enseigne de Vaisseau LAFON

Officier Aviateur

LES AÉROPLANES

ANTOINETTE

LIBRAIRIE AÉRONAUTIQUE

40, RUE DE SEINE

PARIS

Le Monoplan Antoinette

Cet appareil se compose d'un corps en bois, forme de coque de yole, portant deux ailes sustentatrices.

A l'avant se trouve le propulseur, à l'arrière l'empennage stabilisateur à l'extrémité duquel sont placés les plans de commande d'altitude et de direction. Le tout est supporté par un châssis d'atterrissage muni d'un appareil pneumatique nommé amortisseur.

Voici la description sommaire de ces différents appareils :

CORPS. – Le corps ou fuselage est entièrement en bois ; son avant est terminé par une étrave très solide sur laquelle vient se fixer le moteur. Les flancs sont recouverts de toile caoutchoutée.

La solidité longitudinale est assurée par une quille renforcée par des croisillonnements en bois profilés en croix.

La résistance à la déformation transversale est assurée par de nombreux couples (le pilote a son baquet à la hauteur d'un maître-couple), et par des bois croisillonnés, disposés horizontalement à la partie supérieure de la coque entre les couples.

Le corps ainsi obtenu, suspendu par ses extrémités supporte sans se briser une pression de 10.000 kilos.

Dans les appareils du type militaire courant, les fuselages ont une longueur de 11 mètres, non compris les gouvernails de direction dont la longueur est de 1 mètre.

La largeur maxima de l'empennage est de 3 mètres.

AILES. — Les ailes ont une forme trapézoïdale, leur épaisseur décroit légèrement lorsqu'on s'éloigne du corps suivant le plan médian longitudinal.

Cette épaisseur s'amincit également vers l'avant et vers l'arrière des ailes et devient nulle aux bords d'attaque.

La membrure des ailes est constituée par deux nervures en bois contreplaqué. Ces nervures vont d'un bout à l'autre des ailes et résistent à la rupture à une pression de 1400 kilos (également répartie), sans le secours d'aucun étai.

Sur les nervures viennent s'enfiler des fermes constituées par des pièces de bois entretoisées de plaques d'aluminium assurant ainsi la rigidité de l'aile tout en permettant le gauchissement. Des nervures longitudinales complètent le réseau sur lequel vient s'appliquer la toile caoutchoutée.

Fig. 2. — Le monoplan " Antoinette ".

Les deux ailes sont éclissées l'une à l'autre par une manière fixe suivant un V très ouvert (168º).

Leur rigidité est assurée par seize haubans d'acier de 3^{mm}. Deux de ces haubans partent de l'extrémité inférieure du fuselage, par le travers du mât central. Ils aboutissent à peu près au milieu des ailes.

Un de ces haubans est commandé par une chaîne et assure le mouvement de gauchissement.

Deux autres haubans partent du haut du mât ou poinçon central. Ils aboutissent à la partie supérieure des ailes au même endroit que les deux haubans intérieurs. Ces quatre haubans sont doublés.

Douze haubans partent des poinçons situés vers le milieu des ailes (un peu plus près toutefois du fuselage que de l'extrémité des ailes). Six haubans maintiennent le dessus des ailes, les six autres maintiennent les parties inférieures.

Les nervures avant des ailes sont immuablement fixées au corps de l'appareil, sur l'avant du poinçon central. Les nervures d'arrière au contraire tout en étant reliées au corps par un solide pivot peuvent osciller et produisent ainsi un mouvement de gauchissement hélicoïdal.

Les nervures d'arrière étant cependant reliées d'une manière invariable l'une à l'autre on comprend que lorsqu'une aile gauchit en diminuant son angle d'attaque, l'autre se relève et augmente le sien par une déformation inverse.

Ce gauchissement est manœuvré à l'aide d'un volant qui agit sur un pignon commandant une chaîne dont les extrémités sont reliées au hauban aboutissant au milieu de la nervure arrière de chaque aile, hauban dont nous avons parlé plus haut.

La longueur des ailes du type militaire courant est de 7 mètres. Les nouveaux appareils auront des ailes de 8 mètres.

La largeur des ailes à la naissance est de 5 mètres, à l'extrémité elle n'est plus que de 2 mètres.

La surface portante est de 34 mètres carrés avec des ailes de 7 mètres et de 40 mètres carrés avec les ailes de 8 mètres.

Des longueurs de 8 mètres pour des ailes nous semblent exagérées.

Outre l'encombrement énorme de l'appareil, il y a lieu de noter la difficulté qu'on éprouve à haubanner de telles ailes. Les haubans qui partent d'un poinçon dont la hauteur est faible (la limite maxima étant la hauteur de l'aile au-dessus du sol) travaillent sous de très petits angles et par conséquent très mal.

En outre, plus les ailes sont longues, plus elles travaillent dans les remous quand l'appareil est plaqué dans un trou d'air.

Les ailes de 7 et de 8 mètres sont éprouvées avec du sable, à une pression de 1100 kilos également réparties.

Le coefficient de sécurité n'est donc que de 3 et nous croyons cependant que les ailes des autres monoplans ont un coefficient encore moindre.

Les essais doivent être faits en chargeant plus les extrémités des ailes (qui travaillent plus dans le remous) que le centre et la partie voisine du corps.

En admettent la relation de proportionnalité des résistances de l'air au carré des vitesses, on voit qu'avec un coefficient de sécurité de 3, l'appareil est en danger s'il atteint une vitesse supérieure au double de la vitesse de régime.

Pour une vitesse de 150 kilomètres à l'heure les ailes de l'Antoinette risquent donc de céder. A noter que la toile peut céder avant les ailes, car il y a de nombreux joints maintenus seulement par des clous et qu'il faudrait recouvrir de solides bandes de toile.

Outre la vitesse exagérée qui est dangereuse pour les ailes, il y a l'augmentation de l'angle d'incidence. Lorsque l'appareil monte, ce cas n'est pas à envisager, la vitesse diminuant.

En admettant comme la formule de la résistance de l'air $\left(K\,S\,V^2\,\dfrac{2\sin. i}{1 + \sin.^2 i} \right)$ on voit que l'influence de la vitesse est prépondérante. Si la vitesse diminue beaucoup, la résistance variera dans le même sens malgré l'augmentation de l'angle d'incidence.

Mais lorsque l'appareil descend et est plaqué dans un remous, ou bien lorsqu'il est trop chargé et rencontre une couche d'air plus légère, ou bien encore lorsqu'il amorce une chute en tire-bouchon dont nous parlerons plus loin, la trajectoire réelle de l'appareil arrive à être beaucoup plus inclinée que sa direction apparente. Cet angle peut être trois ou quatre fois plus grand que l'angle d'attaque normal et si la vitesse ne diminue pas rapidement (le contraire heureusement arrive généralement surtout si l'on ralentit le moteur) il y a une pression dangereuse sur les ailes, même avec des vitesses qui ne sont pas exagérées (100 kilomètres à l'heure par exemple). Ces vitesses sont évidemment comptées par rapport à l'air, la vitesse relativement au sol n'ayant aucune importance.

QUEUE. – L'arrière du corps porte des empennages horizontaux et verticaux de forme triangulaire.

Un gouvernail de profondeur triangulaire est placé dans le prolongement de l'empennage horizontal.

Il est manœuvré par un volant placé en main droite du pilote (v).

Dans le prolongement des empennages verticaux se trouvent les deux gouvernails de direction, triangulaires et jumelés dont nous avons parlé.

Ils sont manœuvrés par une barre sous les pieds du pilote.

Leur grande distance du centre de gravité de l'appareil
(centre de gravité qui se trouve sur le poinçon central) donne une action particulièrement énergique pour l'orienta-
tion de l'appareil ou pour son redressement, ainsi que nous
le verrons.

CHASSIS D'ATTERRISSAGE. — Le prolongement du mât
central constitue un corps de pompe dans lequel vient cou-
lisser un piston garni d'un cuir embouti. Ce piston est soli-
daire d'un axe qui lui est perpendiculaire et qui porte à ses

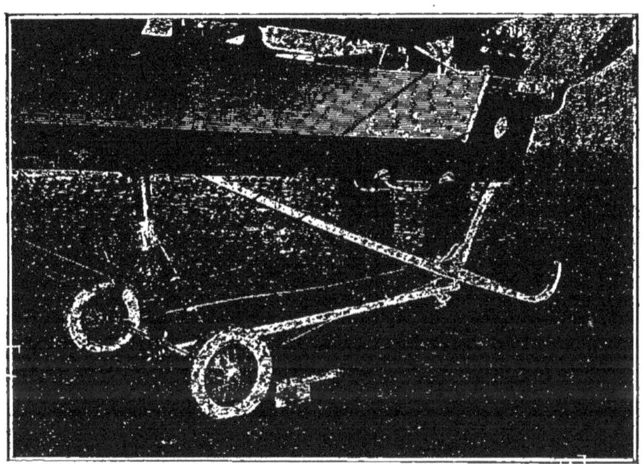

FIG. 3. — Châssis d'atterrissage.

extrémités des petites roues garnies de pneumatiques
épais. C'est sur ces roues que roule l'aéroplane au départ
et à l'atterrissage.

L'avant est protégé par un patin en forme de crosse, et
l'arrière par une petite crosse avec frottis placée sous la
queue.

Le système de pompe dont nous avons parlé fonctionne
à l'air comprimé et forme réellement un ressort idéal. On
lui donne le nom d' « amortisseur ».

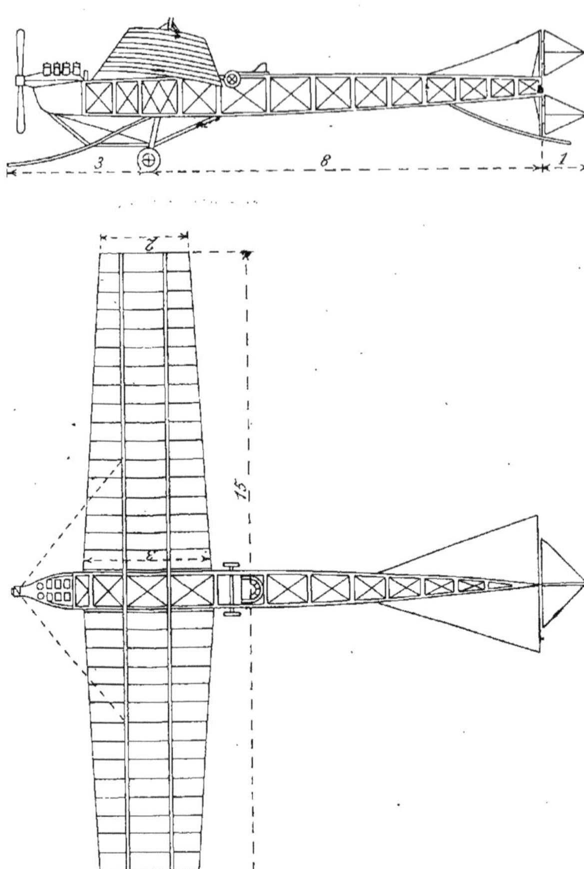

Fig. 4. — Le Monoplan Antoinette
Elévation et plan

COMMANDES. — Elles sont au nombre de trois comme nous l'avons vu :

Un volant pour le gouvernail de profondeur à main droite du pilote (fig. 4) ;

Un volant de gauchissement à main gauche (fig. 4);

Une barre de direction au pied.

Les volants sont montés sur des axes tournant dans des paliers en bois, on peut donc les serrer comme l'on veut.

Le système de transmission est établi de telle sorte qu'en réglant convenablement le freinage des volants, on peut les lâcher, lorsque le vent est régulier, sans que les gouvernails bougent de leur position.

S'il survient des rafales tendant à créer des pressions inégales sur les deux ailes, l'aile qui supporte une surpression se gauchit immédiatement en entraînant le volant de gauchissement. Dans ce cas, le pilote ne doit pas résister à cette pression toute momentanée qui assure la sécurité de l'appareil.

Il serait donc mauvais de serrer trop fortement le volant de gauchissement ; on éprouverait d'ailleurs une gêne et une fatigue considérables pour la manœuvre.

Il serait d'autre part maladroit de laisser trop de jeu à ce volant qui deviendrait fou à la plus légère variation du vent.

On reconnaît que le réglage est bon quand on éprouve une très légère résistance au gauchissement au départ. En route, grâce à la vitesse, cette résistance disparaît.

Avant de terminer cette succincte description, citons encore comme organes placés sous la main du pilote, les commandes du moteur, à savoir :

Un secteur permettant de régler le débit d'essence ;

Un secteur (ou un petit volant) agissant l'avance à l'allumage ;

Un interrupteur de courant.

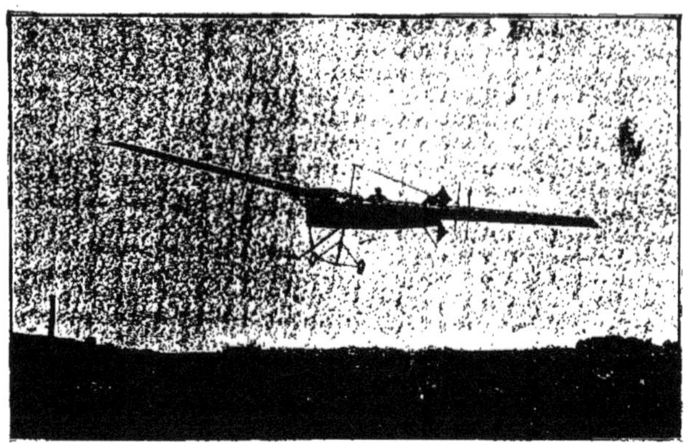

Fig. 5

ÉTUDE DE L'APPAREIL DANS L'AIR

Stabilité longitudinale. — Le monoplan Antoinette a une bonne stabilité longitudinale sous les petits angles.

Toutefois, lorsque l'air est agité l'action de l'empennage de queue est insuffisante pour assurer la stabilité. Il y a lieu de manœuvrer continuellement le gouvernail de profondeur pour assurer l'horizontabilité de l'appareil.

Notons toutefois que ce gouvernail est de petite dimension et que de légers mouvements assurent malgré cela une bonne route horizontale à l'appareil (le bras de levier étant très grand).

Comme presque dans tous les appareils, la stabilité longitudinale est assurée par l'empennage de queue.

Le plan fixe horizontal offre une grande résistance à l'air et se creuse légèrement en formant poche lorsque l'appareil tend à piquer.

Il en résulte un couple qui, ayant un bras de levier considérable (6 mètres environ) tend à redresser l'appareil.

Ce mouvement est puissamment secondé par l'action du gouvernail qui est indispensab'e lorsque l'air est agité, comme nous l'avons dit.

Lorsque l'appareil tend au contraire à « cabrer », la vitesse diminuant rapidement l'influence stabilisatrice de la queue est plus faible : il en est de même de l'action du gouvernail de profondeur.

On doit donc veiller attentivement à ne pas cabrer, car l'appareil perdrait rapidement sa stabilité et tomberait sur l'aile en annonçant une chute en tire-bouchon dont nous parlerons plus loin.

De même il y a danger à descendre sous une trop grande inclinaison. Le centre de poussée sur les ailes ne se confond plus alors avec le métacentre (nous expliquerons ce mot) qui est à un mètre environ sur la verticale du poinçon et au-dessus du centre de gravité.

Dans un mouvement de descente trop accentué, le centre des poussées passe progressivement sur l'arrière du poinçon à une distance suffisante pour faire naître un couple de chavirement qui ne saurait être compensé par l'action de l'empennage arrière ni même parfois par l'action du gouvernail de profondeur.

Le gouvernail est d'ailleurs toujours très long à répondre, dans ces cas-là, et son action ne se produit pas quand l'appareil a atteint une vitesse dangereuse.

En outre, ce gouvernail a une course limitée, et lorsque l'appareil pique trop, il arrive à ne plus faire qu'un angle insignifiant avec la trajectoire descendante suivie.

Les ailes étant éprouvées à 1100 kilos il est facile de calculer qu'elles risquent de céder si l'appareil a atteint une vitesse de 150 à 160 kilomètres à l'heure.

Cela s'est malheureusement vu.

Généralement la rupture a lieu quand le pilote veut redresser, car l'angle d'attaque augmente alors brusquement, mais la rupture peut avoir lieu également dans d'autres cas, par exemple dans la chute en tire-bouchon.

Dans cette chute, l'appareil tournoie sans avoir une inclinaison exagérée, mais il descend rapidement en trajectoire presque verticale, c'est-à-dire faisant un grand angle avec le plan des ailes.

L'angle d'incidence, devant être considéré comme l'angle des ailes avec la trajectoire réelle de l'appareil, peut, dans cette chute, atteindre des valeurs de 50 et 60°, valeurs qui sont extrêmement dangereuses même si l'appareil descend avec une vitesse peu supérieure à la vitesse de régime.

Quand l'appareil est plaqué par un fort remous, les considérations précédentes s'appliquent. Avec une vitesse de chute même relativement modérée, l'angle d'incidence est tellement grand qu'on peut craindre une rupture des toiles ou des nervures des ailes.

Mais, dans ce cas, il y a un autre danger qu'il est bon de signaler : l'appareil Antoinette, plaqué par un remous, *refoule l'air* qui est au-dessous de lui.

Le fuselage *coupe l'air* qui tend à s'échapper *vers les extrémités* de l'appareil. Quand la résistance est assez forte, l'appareil remonte vivement et semble être supporté principalement par deux colonnes d'air situées aux extrémités des ailes.

Plus les ailes sont longues, plus elles sont difficiles à étayer et plus il y a de porte-à-faux.

Dans les essais des ailes, on devrait donc, à notre avis, *charger plus les extrémités que le centre.*

Les parties voisines de la coque reçoivent moins de pression, l'air étant rejeté par la proue des deux côtés du fuselage. Nous étudierons les effets de la rupture de tout ou partie d'une aile dans la stabilité latérale.

Pour en finir avec la stabilité longitudinale rappelons que, si l'on prend une inclinaison dangereuse et que les ailes ne cèdent pas, le gouvernail de profondeur finit par perdre toute son action et l'appareil piquant de plus en plus risque de capoter en arrivant au sol.

Beaucoup de gens croient qu'il est facile de se redresser quand l'appareil descend à toute vitesse, c'est une erreur.

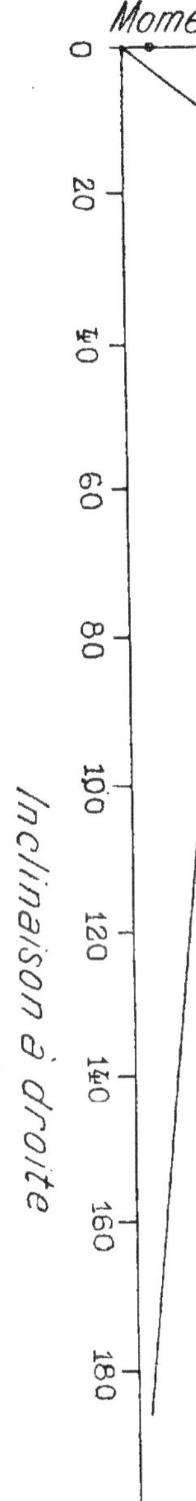

Fig. 6.

Stabilité transversale. — A l'inverse de la stabilité longitudinale, cette stabilité est considérable même sous les grands angles et même sans l'action du gauchissement.

Le maximum de la résistance au chavirement par temps calme a lieu vers 20 degrés, le fuselage étant supposé horizontal.

Mais (ceci est une propriété intéressante de l'appareil) *jamais* la stabilité transversale ne devient nulle, même pour les angles de 90°, même pour des angles supérieurs.

Bien plus, l'appareil étant supposé, lancé, *complètement retourné* se redresse de lui-même dans l'air.

Nous répétons que ces propriétés vérifiées par de nombreuses expériences sur les petits modèles ne sont absolument exactes que dans un *air calme*.

Il est facile de se représenter approximativement comment sont modifiés ces résultats lorsque l'appareil est dans l'air agité.

Si nous portons sur deux axes rectangulaires en abcisses les inclinaisons que peut prendre l'appareil, et en ordonnées la valeur du couple de redressement correspondant à chaque inclinaison, nous obtenons une courbe analogue à celle de la figure 6

S'il y a simplement une houle aérienne régulière l'appareil tendra toujours à maintenir son axe (poinçon central) sur la normale à la houle. Il passera ainsi d'une crête à un creux et inversement en s'inclinant à droite ou à gauche suivant le profil de la vague.

Si le vent est régulier et qu'il n'y ait pas de rafales, l'appareil acquiert sans vitesse chaque inclinaison par l'effet de la houle et il n'y a pas de danger.

Toutefois on ne laisse pas l'appareil libre, car ces inclinaisons ont une répercussion sur la stabilité de route hori-

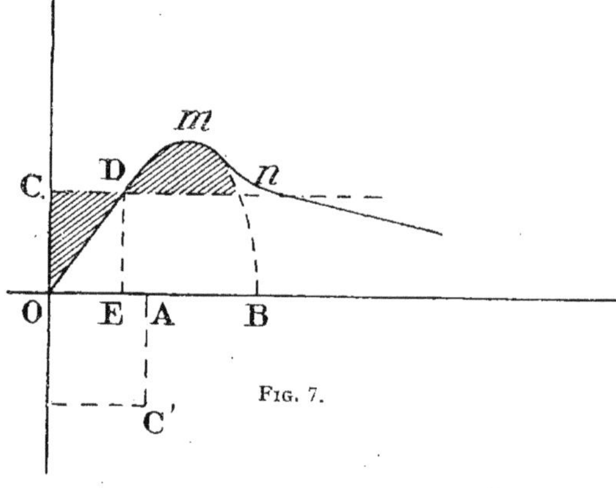

Fig. 7.

zontale. De plus le vent n'est jamais régulier et l'appareil acquiert souvent une certaine force vive en s'inclinant. Dans ce cas sa stabilité naturelle ne serait pas suffisante pour le relever et l'action du gauchissement qui tend à créer une inclinaison artificielle dans l'autre sens est nécessaire.

La figure 7 nous montre, en effet, que pour lutter contre une rafale créant un couple de chavirement d'une valeur OC, si la rafale persiste après l'inclinaison OE, la réserve utile de stabilité restante, représentée par l'axe D, peut n'être plus suffisante pour amortir la force vive acquise dans l'embardée, le travail dû à la rafale étant représenté par l'aire ODN qui n'est pas à considérer puisqu'elle est commune au travail du couple de chavirement et au travail de redressement.

Ainsi nous annulons le couple OC par un couple équivalant (en déplaçant le centre des poussées à droite ou à gauche par une modification de l'angle d'incidence des ailes) ou par un couple légèrement supérieur AC' de façon à amortir rapidement la force vive acquise ; l'appareil se redressera et tendra à s'incliner dans l'autre sens grâce à la force vive acquise pendant le redressement.

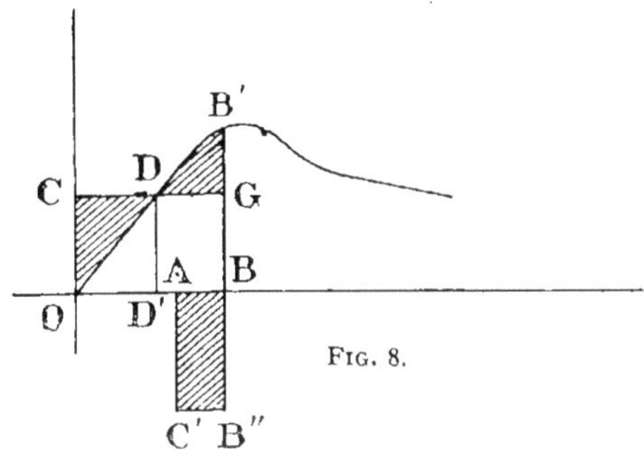

Fig. 8.

L'aviateur devra prévoir ce redressement et manœuvrer son gauchissement en conséquence.

Toutefois ces mouvements sont tellement rapides par mauvais temps que l'appareil vole souvent avec des inclinaisons continuelles.

On voit en effet (figure 8) que, si l'aviateur commence à redresser en A et crée un couple AC', le travail de redressement de ce couple ne tardera pas à être égal à l'excès du travail de chavirement sur la réserve de stabilité.

Lorsque l'appareil a atteint l'inclinaison OB, par exemple, on voit que l'excédent utile de stabilité représenté par

DGB' augmenté du travail de redressement dû au gauchissement et représenté par l'aire ABB''C' est égal à l'axe OCD représentant la force vive qu'a prise l'appareil en s'inclinant ou D'. L'appareil se redresse rapidement, acquiert une certaine force vive dans ce mouvement et tend évidemment à pencher de l'autre bord.

Dans la pratique les couples d'inclinaison sont dus à des rafales de peu de durée et dont l'intensité n'est pas constante. La courbe représentant ces rafales n'est pas une droite mais affecte plutôt la forme d'une portion de sinusoïde (figure 8).

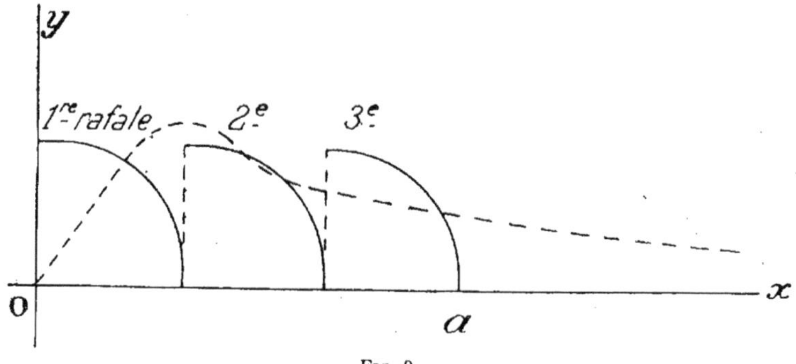

Fɪɢ. 9.

L'intensité de la rafale passe en effet par un maximum puis décroît rapidement, et l'effet est beaucoup moins redoutable, on s'en rend compte à priori, que l'effet d'un couple d'inclinaison constant.

On voit, en effet, que dans le cas des rafales décroissantes la réserve *utile* de stabilité est bien plus grande que dans le cas de la figure 7.

Toutefois il est bon, lorsqu'il y a des rafales même très courtes, de corriger immédiatement les inclinaisons de l'appareil.

Les rafales, en effet, peuvent se succéder rapidement et agir sur un appareil déjà incliné qui a, par conséquent, une réserve de stabilité moindre (figure 9).

Dans d'autres cas les vagues aériennes peuvent se succéder dans certains cas, à intervalles réguliers, la période de l'ondulation étant justement égale à la période d'inclinaison de l'appareil.

Il y a ainsi deux mouvements ondulatoires entre lesquels il pourrait y avoir synchronisme.

Dans ce cas à chaque inclinaison l'appareil prendrait un peu plus de force vive et par conséquent ses oscillations deviendraient de plus en plus grandes.

En corrigeant les inclinaisons par l'effet du gauchissement on empêche les mouvements d'oscillation de l'appareil en amortissant immédiatement toute la force vive qu'il peut prendre dans ses mouvements d'abatée ou de redressement.

Dans l'étude de la stabilité des navires on retrouve des considérations analogues en analysant l'effet d'une houle marine de période donnée sur un navire dont on connaît la période de roulis. Les effets redoutables de la houle synchrone sont connus de tous les navigateurs.

La manœuvre pour éviter le synchronisme est d'ailleurs aisée.

EFFET VARIABLE DU GAUCHISSEMENT

L'effet utile du gauchissement est très variable suivant la position du fuselage.

Plus l'angle d'incidence (angle des ailes avec la tangente à la trajectoire réelle) est petit, plus le gauchissement, qui peut modifier cet angle d'un nombre donné de degrés, aura d'action.

Ceci est vrai pour une vitesse constante. Mais il est évident que plus la vitesse sera grande, plus le gauchissement aura d'action *si l'angle d'incidence reste constant.*

Si l'angle d'incidence augmente, l'effet utile du gauchissement diminue d'une quantité qui peut ne pas être compensée par la vitesse quelle qu'elle soit.

Dans le mouvement de tire-bouchon que nous avons étudié, notamment, l'angle d'incidence étant très grand, le gauchissement ne répond pas malgré la vitesse.

Il n'agit que si l'appareil reprend une trajectoire rectiligne dans laquelle le plan des ailes fera un angle faible avec la route suivie réellement.

Pour la même raison, quand l'appareil est cabré, le gauchissement a une action faible, car la vitesse diminue et l'angle d'incidence augmente.

En effet lorsque l'appareil n'emporte qu'un poids de 100 ou 120 kilos, il s'élève si on le maintient horizontal. En tenant le moteur un peu au-dessus de l'horizon, c'est-à-dire la queue un peu plus élevée que le moteur, on vole encore horizontalement.

Dans ces conditions le gauchissement a une action très énergique.]

Au contraire si l'appareil est très chargé (250 à 300 kilos) il faut tenir le moteur constamment au-dessus de l'horizon pour s'élever et même souvent pour conserver sa hauteur.

Dans ces conditions le gauchissement ne répond *que lentement et mal* et son action peut être absolument insuffisante pour redresser l'appareil dans certains remous.

On rencontre en effet dans l'air des séries d'ondulations comparables à la houle de la mer.

Ces ondulations qu'on sent très bien puisqu'on s'élève brusquement et qu'on est « rabattu » sans raison apparente existent même, souvent, lorsqu'il n'y a pas de vent.

Le soleil crée incontestablement cet état de l'air.

Les « remous de soleil » sont connus des aviateurs.

Ils semblent atteindre leur maximum trois heures environ après le lever du soleil.

Les obstacles du sol créent également des remous parfois très violents.

Le maximum du remous semble se produire au double de la hauteur de l'obstacle.

Quand il y a du vent, les forêts créent souvent au-dessus d'elles des remous très forts.

Le vent est, en effet, dévié par les arbres et rabattu vers le haut.

Les grandes constructions isolées dans les plaines où le vent souffle créent également des remous dangereux ; les grands hangars des dirigeables sont dans ce cas.

Les fleuves enfin saturent d'humidité l'air qui est au dessus d'eux et créent un courant aérien dans le sens du lit du fleuve. Quand le vent souffle perpendiculairement aux berges, les vagues aériennes, se mêlant à ce courant, produisent des remous très violents et qui montent parfois à une grande hauteur.

C'est ainsi que, dans le voyage Paris-Bordeaux, Biélovuccie fut obligé de monter à 1500 mètres pour traverser la Loire ; à des hauteurs moindres il était irrésistiblement entraîné dans le sens du lit du fleuve, non sans être fortement secoué.

Cette hauteur de 1500 mètres, est approximativement celle qu'il faudrait atteindre pour voyager lorsque le vent est violent et irrégulier. Mais, dans la pratique, il est très difficile d'atteindre une pareille hauteur par mauvais temps. On est en effet obligé de « piquer » à chaque instant pour faciliter le redressement de l'appareil. Dans ces conditions il est très difficile de gagner de l'altitude.

Ajoutons que la descente serait également très pénible.

Ne perdons pas de vue enfin que les appareils actuels sont loin d'être des flotteurs aériens parfaits et qu'il existe certains remous qui retourneraient parfaitement l'appareil quelle que soit sa réserve de stabilité.

On se sent parfois osciller avec une force et une rapidité énormes, qui couchent l'appareil avec une force vive considérable, force vive qu'il est très difficile d'amortir malgré toutes les ressources dont on dispose.

Indiquons également que le redressement latéral est facilité par le gouvernail de direction qui tend à incliner l'appareil du côté où l'on pousse la barre (c'est-à-dire du côté où l'on tourne) ; on contrarie ainsi très efficacement une inclinaison en sens inverse.

La propriété du gouvernail de direction s'explique aisément en considérant que le centre des poussées de l'air sur le gouvernail (pointe à droite ou à gauche) est à la hauteur du fuselage, tandis que le centre de gravité de l'appareil est, comme nous l'avons dit, légèrement au-dessus.

Il en résulte un couple qui tend à incliner l'appareil comme nous l'avons dit. Il y a également un effet de ralentissement dont nous ne nous occuperons pas, le gouvernail de direction de l'Antoinette (composé de deux petits triangles superposés) étant de dimensions réduites.

Sur les appareils de toutes marques d'ailleurs, le constructeur place le centre de ses gouvernails de direction au-dessus du centre de gravité de l'appareil.

L'effet du redressement au pied, est ainsi, croyons-nous, général pour tous les appareils d'aviation.

RÉPARTITION DES CENTRES DE POUSSÉE
DANS LES
MOUVEMENTS OSCILLATOIRES

Lorsque l'appareil est droit le centre de poussée est sur la verticale du centre de gravité. L'un et l'autre sont situés sur le poinçon central.

Si l'on donne à l'appareil des inclinaisons successives d'un bout à l'autre, à chaque inclinaison correspondra un centre de poussée s'éloignant de plus en plus du poinçon.

Si l'on suppose le fuselage horizontal, tous ces centres de poussée seront contenus dans un plan transversal passant par le poinçon, les autres se répartissent à peu près comme l'indique la courbe ovoïdale de la figure 9. Cette courbe est évidemment symétrique par rapport au poinçon et présente une forme vaguement cycloïdale.

Pour des angles d'inclinaisons infiniment petits la verticale passant par le centre de poussée rencontre le poinçon en un point V dit métacentre, point qui est à un mètre environ au-dessus du centre de gravité. Cette distance représente la différence entre le rayon ρ de courbure au point O et la distance GO $=$ a. Cette expression de ρ — a est classique en ce qui concerne la stabilité latérale des navires.

Dans la pratique, pour des angles de 5° de chaque bord, la verticale du centre de poussée passe par le point V.

Dès lors l'expression du couple de redressement est, si l'on appelle π la valeur de la poussée et Θ l'inclinaison :

$$\pi \, (\rho - a) \, \sin. \, \Theta \text{ ou } P \, (\rho - a) \, \sin. \, \Theta$$

puisque P $=$ π si l'on considère l'appareil en équilibre dans une position inclinée.

Il serait facile avec des poids et des bras de leviers connus d'obtenir la valeur des moments de redressement dans les différentes inclinaisons que l'on voudrait considérer.

Pour des inclinaisons de plus de 5 à 10° la verticale au centre de poussée coupe le poinçon entre V et G, en se rapprochant de G sans jamais l'atteindre puisque, même pour des inclinaisons voisines de 180°, il y a encore une stabilité positive (faible il est vrai).

Pour avoir les valeurs du couple de redressement sous des inclinaisons quelconques on pourrait employer le procédé suivant.

Ayant construit point par point la courbe des centres de

poussée $o\,\alpha\,\alpha'$ on mènerait en chaque point la normale à la courbe et l'on tracerait la courbe joignant tous les centres de courbure.

Cette courbe n'est autre que la développée de la courbe $o\,\alpha\,\alpha'$; elle est tangente aux normales émanant des différents centres de poussée.

Cette développée affectera la forme analogue à celle de la courbe : deux cycloïdes ayant un point de rebroussement.

C'est, on le sait, la forme des développées des cycloïdes.

Toutefois évidemment ces courbes sont déformées et n'ont rien de l'exactitude des développées des vraies cycloïdes qui sont composées, on le sait, de deux cycloïdes égales chacune de la développante.

Dès lors, pour obtenir les valeurs des couples de redressement avec différentes inclinaisons, il suffira de tracer une tangente à la courbe VBB' faisant l'angle demandé avec l'axe VO (poinçon).

Soit I le point de rencontre de la tangente avec l'axe.

En posant OI $=$ r et rappelant Θ l'angle d'inclinaison, on a : π (r-a) sin Θ comme valeur du couple de redressement.

Si O est petit la formule devient comme nous l'avons dit π (ρ-a) Sin Θ ou même π (ρ -a) Θ ; ρ est, on se le rappelle, 'a valeur du plus petit rayon de courbure.

La distance OI essentiellement variable suivant l'inclinaison prend le nom de distance métacentrique; sa va'eur maxima est oV. V est le centre de courbure correspondant à des inclinaisons infiniment petites.

La valeur minima de OI est oβ' (inclinaisons voisines de 180°)

Sur les navires les longueurs ρ et α sont calculées avec le plus grand soin car elles servent constamment pour les calculs des modifications d'équilibre transversal droit à l'embarquement de certains poids.

La caractéristique de la courbe $\alpha \alpha'$, ce qui la différencie nettement des courbes des centres des carènes de navires, est la propriété suivante : les normales restent au-dessus du point G même pour les plus grandes inclinaisons.

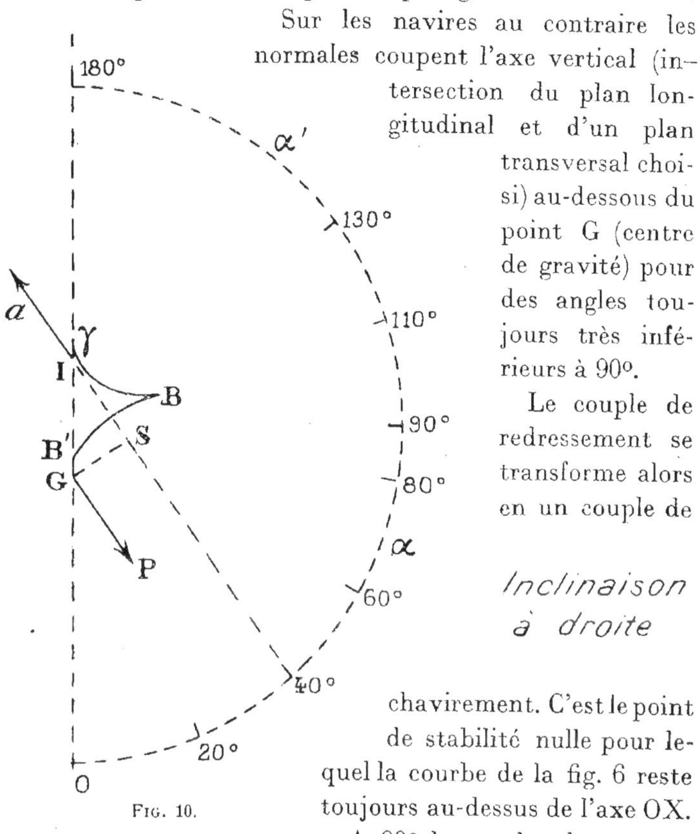

Sur les navires au contraire les normales coupent l'axe vertical (intersection du plan longitudinal et d'un plan transversal choisi) au-dessous du point G (centre de gravité) pour des angles toujours très inférieurs à 90°.

Le couple de redressement se transforme alors en un couple de chavirement. C'est le point de stabilité nulle pour lequel la courbe de la fig. 6 reste toujours au-dessus de l'axe OX.

A 90° la courbe des centres de poussée, s'éloigne à un maximum de l'axe VO. On conçoit en effet que la poussée n'a lieu que vers l'extrémité de l'aile basse (nous ne nous occupons pas des empennages).

Après 130° environ la stabilité est très faible et garde une valeur sensiblement constante.

Les normales à la courbe $o\,\alpha\,\alpha'$ passeraient toutes environ par le point B'; la courbe est donc sensiblement circulaire dans cette partie.

On a vu qu'aux environs de 0°, les normales, passaient également par le point V.

Les moments de redressement ont leur maximum vers 15° ; ils diminuent ensuite pour garder enfin une valeur faible mais sensiblement constante, sous les très grands angles comme nous l'avons dit.

Si l'appareil est en équilibre dans une position inclinée, ses mouvements ont pour valeur : le produit du poids de l'appareil par GS, perpendiculaire abaissée sur la verticale du centre de poussée.

D'ailleurs nous savons que

$$P \times GS = P\,(r\text{-}a)\,\sin.\,\Theta$$

C'est cette valeur du moment de redressement qui a été portée en ordonnée dans les figures 4, 5, 6, pour tracer les courbes de stabilité dynamique.

POIDS DE L'APPAREIL

Le poids de l'appareil est d'environ 550 kilos.

Le rapport du poids à la surface portante ou densité est donc $\dfrac{p}{S} = \dfrac{550}{34} = 16$.

La charge utile que l'on peut emporter est de 250 kilos. Mais cette charge ne peut être emportée que par beau temps.

Si l'appareil est chargé à son maximum le pilote est obligé pour se maintenir en vol de maintenir le moteur au-dessus de l'horizon. La stabilité dès lors est beaucoup moindre.

Au contraire en emportant un poids utile de 100 ou 120 kilos on n'est jamais obligé de mettre le moteur au-dessus de l'horizon pour s'élever.

L'appareil tenu absolument horizontal et même avec un petit angle négatif tend à s'élever.

Dans ces conditions, la stabilité est excellente ; le gauchissement a toute son action.

En résumé on devra d'autant moins charger l'appareil qu'on aura plus à gauchir.

On peut admettre les règles suivantes pour les charges à emporter suivant le vent :

Vent nul	250 kilos
5 mètres.	200 kilos
10 mètres.	150 kilos
15 mètre.	100 kilos

RENDEMENT. — L'appareil est entraîné par la rotation d'une hélice dite Normale Ratmanoff.

La poussée est de 170 à 180 kilos.

Le travail utilisé est d'environ 3960 kilogrammètres-seconde ; le travail total est de 4500 kilogrammètres-seconde (moteur de 60 HP).

Le rendement propulseur 0,88 °/o.

CONDUITE DE L'APPAREIL

DÉPART SANS VENT OU VENT DEBOUT. — Maintenir l'appareil de telle façon qu'il ne porte ni sur le patin, ni sur la queue. Donner au moteur sa vitesse maxima.

S'il n'y a pas de vent, tenir le moteur à tangenter l'horizon (sauf vent debout si le vent est régulier : dans ce cas on peut cabrer très légèrement).

En vol. — Régler autant que possible le moteur de telle façon que l'appareil garde son assiette sans le secours du gouvernail de profondeur.

Avec un appareil peu chargé on peut diminuer un peu l'avance de façon à se maintenir horizontal en actionnant le moins possible le gouvernail.

On perd peut-être un peu de vitesse (c'est insignifiant) mais l'appareil travaille moins.

Vent debout ou vent arrière, l'appareil se défend seul. Quand il est soulevé par une vague aérienne, ne pas gauchir ; tenir solidement le volant.

L'appareil retombera généralement droit ou très peu incliné au fond du remous et reprendra sa trajectoire normale.

S'il a une inclinaison persistante, elle sera de longue période ; on aura largement le temps de la corriger avec le gouvernail de direction (manœuvre au pied).

Gauchir un peu et seulement lorsque la brise joue.

Vent de travers. — Corriger toutes les inclinaisons anormales de l'appareil qui se défend mal.

Gauchir d'abord si l'inclinaison est brusque.

Redresser ensuite au pied. En même temps faire piquer légèrement l'appareil pour diminuer l'angle d'incidence et augmenter la vitesse.

L'aéroplane devient dès lors beaucoup mieux manœuvrant.

Reprendre l'assiette horizontale dès que l'inclinaison a été corrigée afin de ne pas annoncer une descente qui pourrait être dangereuse (comme nous l'avons vu) puisque le moteur tourne à pleine puissance.

Nous ne nous occupons pas du vent régulier qui n'est autre chose que le déplacement général de la masse d'air dans laquelle évolue l'appareil et qui, par conséquent, n'a aucun effet sur la stabilité.

Seules les variations du vent affectent l'aéroplane.

On remarque cependant qu'on s'élève très facilement vent debout, et difficilement vent arrière.

Cela provient de ce que, vent debout, la moindre rafale profite à l'appareil en augmentant sa vitesse relative par rapport aux filets d'air dans lesquels il se meut, bien que la vitesse relativement au sol diminue.

Au contraire, vent arrière, toute rafale, bien qu'augmentant la vitesse relativement au sol, diminue en réalité sa vitesse dans l'air.

ATTERRIR. — Par temps calme, diminuer progressivement l'avance à l'allumage.

L'appareil atterrira doucement sans qu'on ait pour ainsi dire à manœuvrer. Redresser très légèrement au moment où il touche la terre en évitant d'exagérer ce mouvement car l'appareil tend de lui-même à se redresser au voisinage du sol.

Il n'y a cependant pas grand inconvénient à atterrir très légèrement cabré, tandis qu'il y en a un gros à atterrir sur le patin.

Le moteur étant ralenti, le moteur roule cependant avec une vitesse suffisante et gouverne bien quand il n'y a pas trop de vent.

On coupera l'allumage en roulant si un mécanicien tient la queue de l'appareil, car, même au ralenti complet, le moteur donne encore à l'appareil une vitesse supérieure à celle d'un homme au pas.

Pour atterrir par un vent un peut fort, se présenter vent debout. L'appareil est plus manœuvrant ; la vitesse par rapport au sol, moindre : il y a donc double avantage.

Au moment d'atterrir, diminuer l'avance judicieusement de manière à laisser à l'appareil une vitesse faible au moment où il touche le sol.

Lorsque le vent est très fort, il peut arriver évidemment

que toute l'avance soit nécessaire pour l'atterrissage. Couper l'allumage dès que l'appareil est à quelques centimètres du sol et continuer à manœuvrer les volants pour éviter

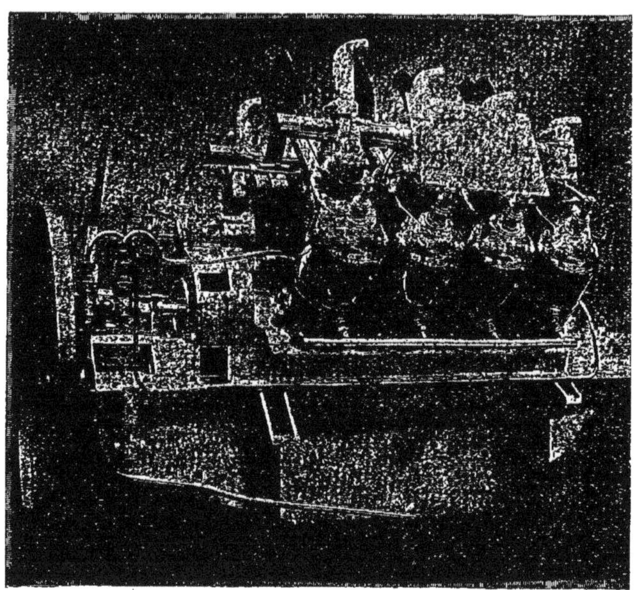

Fig. 11. — Le moteur " Antoinette ".

les sauts de l'appareil s'il y a des rafales. Maintenir les ailes horizontales.

Dès que l'on commence à perdre sa vitesse en roulant sur le sol, rétablir l'allumage si l'on veut aller plus loin et ainsi de suite.

MOTEUR ANTOINETTE

C'est un moteur à 8 cylindres en V, groupés par deux rangées de quatre (Fig. 11, 12, 13).

Cette disposition permet d'obtenir un couple moteur assez régulier et bien équilibré. Les trépidations sont très faibles quand tous les cylindres donnent bien.

L'arbre manivelle porte quatre manetons.

Chaque maneton sert pour les deux bielles des cylinres qui sont face à face.

Carter. — Il est formé de deux pièces rejointes suivant un plan passant par l'axe du vilebrequin.

Ces deux pièces sont nervurées et diminuent ainsi la rigidité nécessaire au bâti.

La partie inférieure comporte le réservoir d'huile qui peut contenir six litres.

Cette partie inférieure du carter dans laquelle viennent barbotter les têtes de bielle, porte les logements des huit paliers qui soutiennent le vilebrequin.

Ces paliers sont lisses, excepté le palier avant qui porte un roulement et une butée à billes destinée à supporter la traction de l'hélice.

A la partie supérieure du carter, boulonnée à l'autre, viennent se fixer les cylindres. Ils sont tenus par des pattes spéciales.

Cylindres. — Ils sont en acier forgé, matricé d'une seule pièce. La culasse est recouverte par une chemise emboutie en cuivre rouge ou jaune et sertie au cylindre.

Soupapes. — Les soupapes d'admission sont automatiques. Celles d'échappement sont commandées par un arbre à cames unique situé entre les deux rangées de cylindre et soulevées par des boutons en acier.

Arbre a cames. — Il porte une série de quatre jeux de deux cames. A son extrémité est clavetée la couronne dentée engrenant avec le pignon de commande de l'arbre manivelle.

Pistons. — Ils sont en fonte et portent trois segments chacun.

Bielles. — Elles sont en acier estampé, tournées. Les têtes de bielle portent un coussinet en bronze venant prendre le maneton du vilebrequin.

Carburation. – Elle est obtenue de la façon suivante : l'arbre à cames commande une petite pompe double, aspirante et refoulante.

Une pompe est destinée à l'essence et l'autre à l'huile. La première aspire, à travers une crépine, l'essence des réservoirs et la refoule dans une tuyauterie amenant finalement au cylindre, à travers des orifices calibrés, le combustible nécessaire à une bonne carburation. On peut régler cette quantité d'essence à l'aide d'une tige agissant sur la course du piston de la pompe au moyen d'un excentrique.

Au-dessus de chaque soupape d'aspiration se trouve la pipe d'aspiration d'air ce qui simplifie la tuyauterie.

Il y a des cloches orientées vers l'avant et forçant l'air à rentrer dans la pipe. Ces cloches sont nuisibles quand l'appareil est vent debout, car la quantité d'air admise est trop forte : la carburation devient mauvaise.

Il vaut mieux supprimer ces cloches.

GRAISSAGE. — Une petite pompe à huile semblable à la pompe à essence, aussi à course fixe, aspire l'huile du réservoir et la refoule à travers une rampe percée de trous et placée parallèlement à l'arbre à cames, à sa partie supérieure.

L'huile tombe sur cet arbre et sur ses paliers qu'elle lubrifie. De là elle retombe dans les godets graisseurs des

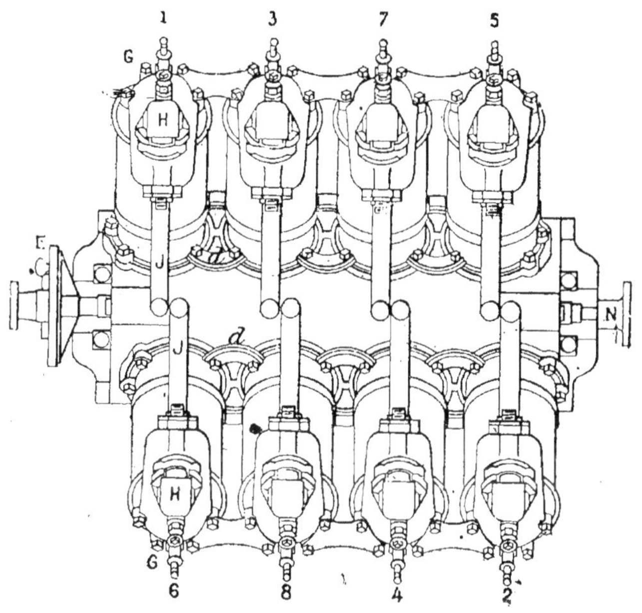

FIG. 12.

paliers du vilebrequin, puis enfin au fond du carter dans lequel barbottent les têtes de bielles.

Des bossages percés dans le carter, envoient le trop plein au réservoir d'huile.

REFROIDISSEMENT. — Il y a deux pompes conduites par le même arbre situé sur l'arrière et au-dessus du moteur. Cet arbre est entraîné par une courroie sans fin passant sur un tambour situé à l'arrière de l'arbre à manivelles.

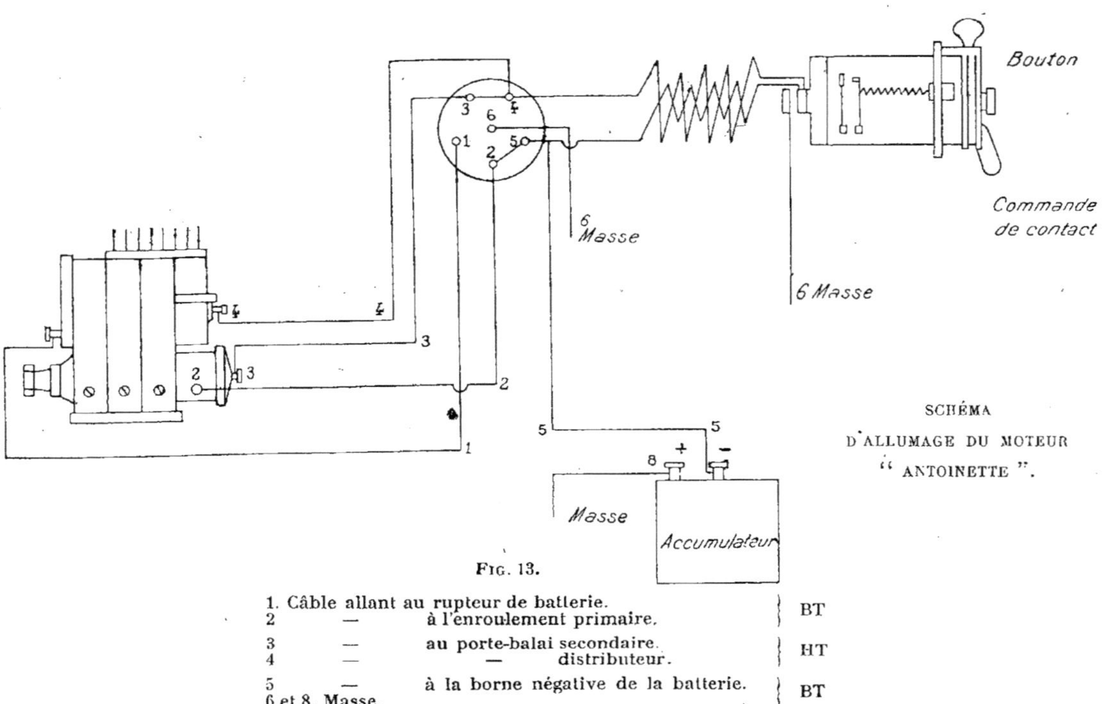

Fig. 13.

1. Câble allant au rupteur de batterie.   } BT
2   —   à l'enroulement primaire.
3   —   au porte-balai secondaire.   } HT
4   —   —   distributeur.
5   —   à la borne négative de la batterie. } BT
6 et 8. Masse.

L'une de ces pompes est la pompe de circulation. Elle prend l'eau du réservoir d'eau (d'une contenance de 14 litres environ) et la refoule à travers les chemises des cylindres.

De là, deux collecteurs de bronze ramènent au réservoir cette eau qui est bouillante.

La vapeur s'échappe du réservoir par un dôme et descend dans deux radia-condenseurs fixés de chaque côté du fuselage.

Ces appareils sont formés chacun de 35 tubes en aluminium de 4 mètres de long. Le léchage de l'air refoulé par l'hélice refroidit ces tubes et fait condenser la vapeur qui s'y trouve. L'eau de condensation est alors aspirée par la pompe de récupération qui la refoule au moteur.

CARACTÉRISTIQUES DU MOTEUR

La puissance est de 55 à 60 HP.
L'alésage est de 110 ^{mm}; la course, de 105 ^{mm}
L'avance à l'échappement est de 10 ^{mm},5
Le poids du moteur est de 110 à 120 kilos.

ALLUMAGE. — L'allumage se fait par accu ou magnéto à haute tension.

La batterie permet le départ au simple contact.

Le pilote peut en effet envoyer de l'essence au moteur et il suffit alors de donner un ou deux tours d'hélice et ensuite de mettre le contact pour faire partir le moteur.

Au départ suivant le moteur repart au simple contact s'il est encore chaud et si on a laissé l'essence ouverte en grand.

Ensuite on met l'allumage sur magnéto, l'étincelle étant plus chaude et les explosions plus régulières.

Le courant de la batterie ou de la magnéto aboutit à un distributeur qui permet de faire varier le point d'allumage en déplaçant une tige manœuvrée de la place du pilote.

Nous donnons ci-joint le schéma du double allumage. En réalité il y a trois manières de produire l'allumage puisqu'un bouton permet de faire agir un trembleur qui donne une étincelle continuelle permettant de déterminer le démarrage à coup sûr.

On fait agir le trembleur au moyen d'une vis qui écarte ou rapproche le contact de platine supérieur du trembleur.

Dès que l'hélice tourne, on supprime le trembleur et l'allumage ne se produit que lorsque le charbon tournant ou distributeur passe devant les plots correspondant à chaque cylindre.

RÉGLAGE DE LA MAGNÉTO. — Le réglage est fait de la façon suivante :

Le piston étant au point mort de compression, le levier d'avance à l'allumage est à moitié de sa course, ce qui donne 10^{mm} d'avance maxima à l'allumage.

Le retard maximum est de 8^{mm}.

AVANTAGES DU MOTEUR ANTOINETTE

Durée de marche presque indéfinie. Il y a des moteurs qui ont plus de 1000 heures de marche.

La mise en marche est sans danger.

Le moteur chaud repart généralement au contact.

Il y a deux allumages ce qui donne une garantie énorme contre les pannes d'allumage.

L'allure du moteur peut être modifiée dans d'énormes proportions (de 500 à 1200 tours) par simple manœuvre de l'avance à l'allumage.

Ce système permet également de faire avec l'appareil des descentes au ralenti qui ne fatiguent nullement les ailes.

INCONVÉNIENTS DE CE MOTEUR

COMPLICATIONS ÉNORMES

Les tuyautages d'eau et d'huile fuient souvent, notamment par les raccords.

Malgré toutes les précautions, en hiver, les pompes à eau gèlent fréquemment.

Il y a dans le tuyautage d'eau, des coudes dans lesquels il reste toujours un peu d'eau qui donne naissance quand il gèle à de petits glaçons qui immobilisent la pompe.

Il arrive également que l'huile se congèle et forme des bouchons qui gênent le débit.

Un autre défaut du moteur est l'automacité des soupapes d'admission. Les ressorts se ramollissent et peuvent se casser.

Enfin, malgré toutes les précautions prises pour alléger le moteur il pèse encore 120 kilos en ordre de marche.

Auxerre. — Imp. Auxerroise (J. PIGELET, directeur).

Auxerre — Imprimerie Auxerroise (J. PIGELET, directeur).

www.ingramcontent.com/pod-product-compliance
Ingram Content Group UK Ltd.
Pitfield, Milton Keynes, MK11 3LW, UK
UKHW021646090726
13657UKWH00004B/1788